Trainingslehre I. Trainingsplanung für das Krafttraining

Sophia Hampe

Bibliografische Information der Deutschen Nationalbibliothek:

Die Deutsche Nationalbibliothek verzeichnet diese Publikation in der Deutschen Nationalbibliografie; detaillierte bibliografische Daten sind im Internet über http://dnb.d-nb.de abrufbar.

ISBN: 9783346572486
Dieses Buch ist auch als E-Book erhältlich.

© GRIN Publishing GmbH
Nymphenburger Straße 86
80636 München

Druck und Bindung: Books on Demand GmbH, Norderstedt Germany
Gedruckt auf säurefreiem Papier aus verantwortungsvollen Quellen

Das vorliegende Werk wurde sorgfältig erarbeitet. Dennoch übernehmen Autoren und Verlag für die Richtigkeit von Angaben, Hinweisen, Links und Ratschlägen sowie eventuelle Druckfehler keine Haftung.

Das Buch bei GRIN: https://www.grin.com/document/1165016

Deutsche Hochschule für
Prävention und Gesundheitsmanagement
Hermann Neuberger Sportschule 3
66123 Saarbrücken

Einsendeaufgabe

Fachmodul:	Trainingslehre I
Studiengang:	Sportökonomie
Datum Präsenzphase:	21.-24.06.2021
Name, Vorname:	Hampe, Sophia
Studienort:	**Köln**
Semester:	**WS 2020**

Inhaltsverzeichnis

1   Teilaufgabe 1 – Diagnose

1.1   Allgemeine und biometrische Daten

In einem Eingangsgespräch sowie mithilfe von verschiedenen Eingangstest wurden mit der Testperson die folgenden allgemeinen und biometrischen Daten erhoben.

Tab. 1: Allgemeine und biometrische Daten

Alter:	36 Jahre
Geschlecht:	weiblich
Körpergröße:	165 cm
Körpergewicht:	72 kg
BMI:	25,3
Trainingsmotive:	- Gewichtsreduktion
	- Schmerzreduktion
	- Körperformung
Berufliche Tätigkeit:	Bürokauffrau
Aktuelle sportliche Tätigkeiten:	keine
Frühere sportliche Tätigkeiten:	Mit 18 Jahren 1 Jahr Krafttraining, 2-mal pro Woche
Zeitlicher Verfügungsrahmen:	2-3-mal pro Woche, 1 Stunde
Orthopädische Probleme:	Rückenschmerzen in der Lendenwirbelsäule [LWS]
Schmerzempfinden nach der Numerischen Rating-Skala [NRS] (1 = keine Schmerzen 10 = stärkste vorstellbare Schmerzen)	8
Internistische Probleme:	Erhöhter Blutdruck
Ärztliche Behandlungen:	In ärztlicher Betreuung wegen des erhöhten Blutdrucks
Medikamente:	Keine
Sonstige gesundheitliche Einschränkungen:	Keine

Tab. 2: Klassifikation des Blutdrucks laut WHO (eigene Darstellung)

Parameter	Norm	Bewertung
Blutdruck: 143/92 mmHg	Normotonie: 120/80 – 139/89 mmHg	Hypertonie Schweregrad I (ab 140/90 bis 159/99 mmHg)

Tab. 3: Klassifikation des BMI laut WHO (eigene Darstellung)

Parameter	Norm	Bewertung
BMI:	Normalgewicht:	Leichtes Übergewicht
25,3	18,5 - 24,9	(Übergewicht= 25 bis 29,9)

Tab. 4: Klassifikation der Schmerzen nach der Numerischen Rating-Skala

Parameter	Norm	Bewertung
Schmerz:	1= keine Schmerzen	Person leidet unter starken
8	10= stärkste vorstellbare	Schmerzen
	Schmerzen	

Unter Beachtung des Bluthochdrucks und der Schmerzen im LWS-Bereich stellt sich eine uneingeschränkte Trainierbarkeit für die Testperson dar.

Die Testperson bestätigt diese Einschätzung durch ein vorheriges Gespräch mit ihrem Arzt.

1.2 Krafttestung

Es wurde ein Mehrwiederholungskrafttest (X-RM Test) gewählt, da dadurch das ideale Gewicht für die geforderte Wiederholungszahl im folgenden Mesozyklus bestimmt werden kann. Eine Krafttestung nach der 1-RM-Methode stellt eine zu hohe, ungewohnte Belastung dar und könnte die Person überfordern, da die Testperson Trainingsbeginner ist und unter Hypertonie Stufe I leidet. Außerdem besteht ein zu hohes Verletzungsrisiko, da sowohl Gelenke als auch Bandstrukturen der Person noch nicht auf ein Krafttraining angepasst sind.

Eine Testung nach dem subjektivem Belastungsempfinden ermöglicht keine genaue Bestimmung der Trainingsintensität, weil die Einschätzung der noch möglichen Wiederholungszahlen bei Trainingsbeginnern zu ungenau und somit nicht exakt messbar ist.

1.2.1 Testablauf

Der Mehrwiederholungskrafttest läuft wie folgt ab:

Zunächst führt die Testperson ein allgemeines und darauffolgend ein spezielles Aufwärmen durch.

Im ersten Testsatz des X-RM-Tests wird das Gewicht durch Erfahrung vom Trainer subjektiv abgeschätzt. Die Krafttestung erfolgt für den ersten Mesozyklus, in welchem Kraftausdauer als Ziel festgelegt wurde. Daher versucht die Testperson daraufhin die jeweiligen Übungen des bereits erstellten Trainingsplans 15-mal auszuführen. Konnte die Testperson die geforderten 15 Wiederholungen absolvieren, wird das Gewicht nach subjektivem Belastungsempfinden der Testperson für den zweiten Testsatz um 5 %, 10 % oder 25 % erhöht. Dazwischen sollte eine Pause von drei Minuten liegen.

Sobald die Testperson die 15. Wiederholung gerade so, aber dennoch technisch korrekt absolvieren kann, ist das passende Testgewicht gefunden.

Die Ergebnisse dieses 15-RM-Tests sind in folgender Tabelle abgebildet.

Tab. 5: Krafttestung nach der X-RM-Methode

Testübung	Wdh.	1. Testsatz	2. Testsatz	3. Testsatz	Ergebnis
Beinpresse (liegend)	15	55 kg	65 kg	60 kg	60 kg
Latzugmaschine	15	25 kg	30 kg	-	30 kg
Rumpfflexion-Maschine (liegend)	15	5 kg	15 kg	20 kg	15 kg
Hüftabduktion-Maschine	15	30 kg	35 kg	-	35 kg
Hüftadduktion-Maschine	15	30 kg	35 kg	40 kg	40 kg
Rudermaschine (enger neutraler Griff)	15	15 kg	20 kg	25 kg	25 kg
Rumpfextension-Maschine	15	10 kg	20 kg	25 kg	20 kg
Brustpresse	15	20 kg	25 kg	30 kg	30 kg

1.2.2   Schlussfolgerung

Durch den Mehrwiederholungstest kann nun mithilfe der Individuellen Leistungsbild-Methode [ILB-Methode] für den folgenden Mesozyklus das passende Gewicht ermittelt werden, um bei der Testperson eine optimale Leistungsentwicklung zu erreichen. Die Person hat zuletzt vor über 10 Jahren Kraftsport betrieben, weshalb sie als Beginner eingestuft wird und daher mit einer Intensität von 50-70 % des 15-RM-Ergebnisses trainiert. Wenn nach einigen Wochen der Test konsequent unter den gleichen Voraussetzungen und Rahmenbedingungen wiederholt wird, kann die Person ihre Leistungsentwicklung und -steigerung erkennen, was zusätzlich als Motivation dient.

Als interindividueller Leistungsvergleich kann dieser Test allerdings nicht herangezogen werden, da zu viele Einflussfaktoren und Störgrößen wirken, sodass keine Norm- bzw. Referenzwerte existieren.

2   Teilaufgabe 2 – Zielsetzung/Prognose

Tab. 6: Biometrische und sportmotorische Ziele der Testperson

	Inhalt	Ausmaß	Zeit
Ziel 1	Gewichtsreduktion und Senkung des BMI	3 kg BMI unter 25	3 Monate
Ziel 2	Schmerzreduktion	Von Schmerzskala = 8 auf 4	6 Monate (Dauer des Makrozyklus)
Ziel 3	Senkung Blutdruck	unter 140/90 mmHg (in den Normbereich)	3 Monate

Das wichtigste Trainingsmotiv der Testperson ist die Gewichtsreduktion. Dieses Ziel lässt sich mit den erhobenen Diagnosedaten bestätigen, da der BMI ein leichtes Übergewicht prognostiziert, welches die Hypertonie Stufe I hervorgerufen haben könnte. Das Gewicht sollte demnach reduziert werden, um weitere gesundheitliche Risikofaktoren zu verhindern.

Damit würde dann auch der BMI sinken und die Testperson läge im Bereich des Normalgewichts. Allerdings sollte der BMI im weiteren Verlauf des Muskelaufbaus keine zu große Beachtung finden, da Trainierende eine höhere Muskelmasse aufweisen und der BMI damit weniger aussagekräftig wird.

Das Ziel der Schmerzreduktion stellt ebenso ein sehr wichtiges Trainingsziel für die Testperson dar, weil die Schmerzen die Person im Alltag einschränken. Als Bürokauffrau übt die Testperson den ganzen Tag eine sitzende Tätigkeit aus, weshalb die Lendenwirbelsäule sehr stark belastet ist und durch mangelnde Muskulatur im gesamten Rücken sowie im Glutaeus und im Bauch nicht richtig gestützt wird. In diesen Bereichen muss demnach Muskulatur aufgebaut werden, um die Schmerzen zu reduzieren.

Eine Reduktion auf der Schmerzskala von acht auf vier ist nach sechs Monaten mithilfe des passenden Trainingsplans erreichbar.

Die Senkung des Blutdrucks ist eines der wichtigsten Trainingsziele, da Bluthochdruck einen Risikofaktor für koronare Herzkrankheiten darstellt. Das Krafttraining kann somit eine weitere Steigung des Blutdrucks und eine eventuelle Medikamenteneinnahme verhindern. Eine Blutdrucksenkung um 10-15 mmHg systolisch und 5-10 mmHg diastolisch in ca. drei Monaten ist generell realistisch, daher sollte sich der Blutdruck der Testperson innerhalb von drei Monaten im Normbereich befinden.

3 Teilaufgabe 3 – Trainingsplanung Makrozyklus

„Kraft ist die Fähigkeit des neuromuskulären Systems, Widerstände zu überwinden (konzentrische Kontraktion), sie zu halten (isometrische Kontraktion) oder ihnen entgegenzuwirken (exzentrische Kontraktion)" (Banzer, 2017, S. 24).

Dieses Zitat verdeutlicht, dass Krafttraining für fast jeden wichtig ist. Denn fast alle Menschen überwinden im Alltag Widerstände, halten sie oder wirken ihnen entgegen. Um dabei weniger Probleme zu haben und das Verletzungsrisiko zu minimieren, ist Krafttraining ein wichtiger Bestandteil.

Die Alltagsbefähigung ist auch ein wichtiges Ziel dieser Testperson, woraufhin eine passende Trainingsplanung für sie erstellt wurde.

In der folgenden Makrozyklusplanung liegt eine lineare Blockperiodisierung auf der Basis der Individuellen-Leistungsbild-Methode [ILB] vor. Das bedeutet, dass bei progressiv steigenden Intensitäten die Wiederholungszahl gleichzeitig regressiv abnimmt.

Tab. 7: Makrozyklusplanung nach der ILB-Methode (lineare Blockperiodisierung)

	Mesozyklus I	Mesozyklus II	Mesozyklus III	Mesozyklus IV
Dauer	6 Wochen	6 Wochen	6 Wochen	6 Wochen
Trainingsziel	Kraftausdauer	Muskelaufbau (extensiv)	Muskelaufbau (intensiv)	Maximalkraft
Organisationsform	GK/Circuit	GK/Station	GK/Station	GK/Station
Einheiten/ Woche	2	3	3	3
Übungen/ Muskel	1-2	1-2	1-2	1-2
Sätze/ Übung	2	2	2	2
Satzpausen	60 sek.	90 sek.	90 sek.	120 sek.
Wiederholungen	15	12	10	8
Intensität (nach ILB)	50-70%	50-70%	50-70%	50-70%
Bewegungstempo	2-0-2	2-0-2	2-0-2	2-0-2

3.1 Begründung Trainingsmethode

Die Individuelle-Leistungsbild-Methode ist als übergeordnete Trainingsmethode für die Testperson geeignet, da sie einen perfekten Einstieg mit geringen Intensitäten darstellt und somit die Testperson und generell Trainingsbeginner nicht überfordert. Außerdem können sich so Gelenke, sowie Sehnen und Bänder langsam an die unbekannte Belastung gewöhnen.

3.2 Begründung Organisationsform

In allen Mesozyklen wurde für die Testperson ein Ganzkörpertraining gewählt, da sie einen zeitlichen Verfügungsrahmen von zwei bis drei Mal pro Woche angegeben hat. Bei dieser Trainingshäufigkeit und in Bezug auf die Ziele der Testperson ist ein Ganzkörpertraining am besten geeignet.

Dieses Ganzkörpertraining wird in Mesozyklus I als Zirkeltraining durchgeführt, da es hier zu den geringsten Blutdruckspitzen kommt und somit am besten die positiven Effekte des Krafttrainings für Hypertoniker erzielt werden.

In Mesozyklus II, III & IV wird das Training in Stationsform ausgeführt, weil es dabei durch die aufeinanderfolgenden Sätze zu einer größeren Muskelermüdung kommt und es damit für den Muskelaufbau und die Kraftsteigerung besser geeignet ist.

3.3 Begründung Belastungsparameter

3.3.1 Einheiten pro Woche

Im Eingangsgespräch hat die Testperson ihren zeitlichen Verfügungsrahmen von zwei bis drei Mal pro Woche angegeben. Damit die Motivation vor allem am Anfang bestehen bleibt und die Testperson keine Überforderung verspürt, wurden im ersten Mesozyklus zwei Einheiten pro Woche gewählt.

In den folgenden Mesozyklen wurden dann drei Einheiten pro Woche angegeben, da nun die Eingewöhnung stattgefunden hat und mit drei Einheiten pro Woche noch bessere Ergebnisse erzielt werden können.

„Erst ein ausreichend langer Zeitraum für die Erholung sichert die Anpassung" (Banzer, 2017, S. 40). Daher sind zwei bis drei Einheiten pro Woche für die Testperson ausreichend, aber auch notwendig, um die anvisierten Ziele zu erreichen (Haber, 2018, S.138-139).

3.3.2 Übungen pro Muskel

Da für die Testperson ein Ganzkörpertraining vorgesehen ist, führt sie mindestens eine Übung pro Muskelgruppe aus. Im Hinblick auf die Trainingsmotive der Testperson wurden für die Muskelgruppen, welche die Schmerzen in der Lendenwirbelsäule lindern können, zwei Übungen gewählt.

3.3.3 Sätze pro Übungen & Intensität

Sowohl Sätze als auch Intensität sind bei der Individuellen-Leistungsbild-Methode von dem Stand der Testperson abhängig. Da die Testperson vor mehr als 10 Jahren zuletzt Krafttraining betrieben hat, wird sie als Beginner eingestuft und führt demnach in jedem Mesozyklus zwei Sätze mit einer Intensität von 50-70% aus.

3.4 Begründung Periodisierung

Der erste Mesozyklus startet mit einem Kraftausdauertraining, da diese Trainingsmethode ein Fundament für die Testperson als Trainingsbeginner bildet und sie somit auf nachfolgend höhere Intensitäten vorbereitet. Dies geschieht, indem die Ermüdungswiderstandsfähigkeit verbessert wird, eine Kapillarisierung der Muskulatur sowie die Verbesserung der Energiebereitstellung stattfindet.

Im zweiten Mesozyklus folgt ein sogenanntes extensives Hypertophietraining, da die Testperson einen leicht erhöhten Blutdruck (Hypertonie Stufe I) hat und sie diesen mithilfe von Hypertrophietraining senken kann.
Außerdem stärkt das Hypertrophietraining sowohl Gelenke als auch Sehnen- und Bandstrukturen (Ferrauti, 2020, S. 526) und sorgt daher für ein geringeres Verletzungsrisiko und eine höhere Alltagsbelastbarkeit.

Im dritten Mesozyklus folgt daraufhin ein intensives Hypertrophietraining, da ein weiteres Trainingsmotiv der Testperson die Gewichtsreduktion ist. Mithilfe des Hypertrophietrainings wird also die Muskelmasse und somit der Grundumsatz gesteigert (Mathias, 2018, S. 101).
Außerdem wird mit gesteigerter Muskelmasse der Körper geformt, was ebenfalls ein Ziel der Testperson ist.

Im vierten Mesozyklus führt die Testperson ein Maximalkrafttraining durch. Diese Trainingsmethode ist für die Testperson sinnvoll, da sie damit ihre Rückenschmerzen reduzieren kann. Indem vor allem die Bauchmuskulatur sowie die Rücken- und Glutaelmuskulatur gestärkt werden, kann der Schmerz in der Lendenwirbelsäule gelindert werden.
Außerdem dient das Maximalkrafttraining als eine sinnvolle Osteoporose Prävention (Mathias, 2018, S. 101), da vor allem Frauen hierbei als Risikopatienten eingestuft werden.

4 Teilaufgabe 4 – Trainingsplanung Mesozyklus

Tab. 8: Belastungsparameter des ersten Mesozyklus

Mesozyklus:	Mesozyklus I	Trainingsziel:	Kraftausdauer
Einheiten/Woche:	2	Organisationsform:	GK/Circuit
Übungen/Muskel-gruppe:	1-2	Sätze/Übung:	2
Bewegungstempo:	2-0-2	Satzpausen:	60 sek.

Tab. 9: Übungsauswahl und Intensitäten des ersten Mesozyklus

Mesozyklus I		Intensität nach ILB-Methode					
Übungen	Wdh.	Intensität Woche 1	Intensität Woche 2	Intensität Woche 3	Intensität Woche 4	Intensität Woche 5	Intensität Woche 6
Beinpresse (liegend)	15	30 kg	30 kg	35 kg	35 kg	40 kg	45 kg
Latzugmaschine	15	15 kg	15 kg	20 kg	20 kg	25 kg	25 kg
Rumpfflexion-Maschine (liegend)	15	5 kg	5 kg	7,5 kg	7,5 kg	10 kg	10 kg
Hüftabduktion-Maschine	15	15 kg	15 kg	20 kg	20 kg	25 kg	25 kg
Hüftadduktion-Maschine	15	15 kg	20 kg	20 kg	25 kg	30 kg	30 kg
Rudermaschine (enger neutraler Griff)	15	10 kg	10 kg	15 kg	15 kg	20 kg	20 kg
Rumpfextension-Maschine	15	7,5 kg	7,5 kg	10 kg	10 kg	15 kg	15 kg
Brustpresse	15	15 kg	15 kg	20 kg	20 kg	25 kg	25 kg

4.1 Begründung Trainingskonzept

In dem Trainingsplan ist zu erkennen, dass sich hauptsächlich auf ein maschinengestütztes Training fokussiert wurde. Dies ist vor allem für Trainingsanfänger besonders geeignet, da ein geführter Bewegungsablauf vorgegeben wird und es somit koordinativ weniger anspruchsvoll ist (Haber, 2018, S. 174). Es lässt somit wenig Raum für fehlerhafte Ausführungen und minimiert das Verletzungsrisiko.

Außerdem ist zu erkennen, dass wöchentlich oder spätestens alle zwei Wochen das Gewicht erhöht wurde. Denn nach dem Prinzip der progressiven Belastungssteigerung sollten die Belastungskomponenten schrittweise dem Trainingsprozess und der Leistungsfähigkeit angepasst werden (Banzer, 2017, S. 39).

Des Weiteren lag die Konzentration in dem Trainingsplan vor allem auf der Rücken- und Bauchmuskulatur. Diese sollte die Testperson stärken, um die Lendenwirbelsäule zu entlasten, zu stützen und somit die Schmerzen im LWS-Bereich zu minimieren. Dementsprechend wurde auch die Übungsreihenfolge gewählt, da zuerst die Haupt- und daraufhin Nebenübungen durchgeführt wurden (Banzer, 2017, S. 27).

In diesem Trainingsplan wurden vor allem eingelenkige Übungen gewählt, da mehrgelenkige Übungen für einen Anfänger koordinativ überfordernd und damit demotivierend sein können.

4.2 Begründung Übungen

Die erste Übung des Trainingsplans ist die Beinpresse (liegend). Diese Übung wurde ausgewählt, um bei der Testperson eine erhöhte Bein- und Kniestabilität zu erreichen. Außerdem werden bei dieser Übung zum Teil auch die Waden und die Hüftextensoren gestärkt, welche wichtig für die Schmerzreduktion in der Lendenwirbelsäule sind. Ein weiterer wichtiger Punkt ist, dass die Beinpresse eine hohe Alltagsbefähigung für die Testperson darstellt, da sie sehr funktionell ist.

Die Latzugmaschine trainiert vor allem den M. latissimus dorsi aber auch den M. biceps brachii, damit werden in einer Übung direkt zwei wichtige Muskelgruppen trainiert. Die Stärkung des M. latissimus dorsi ist für die Testperson sehr wichtig, um ihren Rücken zu stärken und damit die Rückenschmerzen zu lindern.

Die beiden folgenden Übungen, Hüftabduktion sowie -adduktion wurden gewählt, um für eine erhöhte Hüftstabilität bei der Testperson zu sorgen.

Bei der Rumpfflexion an der Maschine (liegend) werden vor allem die geraden sowie äußeren und inneren Bauchmuskeln trainiert. Dies sorgt für eine erhöhte Rumpfstabilität und ist für die Testperson ebenfalls sehr wichtig, um ihre Schmerzen zu reduzieren.

Die Rudermaschine mit engem, neutralem Griff wurde gewählt, um vor allem die obere Rückenmuskulatur zu stärken. Dies verbessert auch im Alltag die Haltung der Testperson und entlastet somit ihre Lendenwirbelsäule.

Die Rumpfextension an der Maschine stärkt die Mm. erector spinae, aber vor allem auch den M. glutaeus maximus. Dadurch dass der M. glutaeus maximus auf Diagonalebene die Thorakolumbalfaszie verspannt, ist diese Übung eine der wichtigsten Übungen für die Testperson, da sie den Rücken stärkt und somit zur Schmerzlinderung beiträgt.

Die Brustpresse stärkt vor allem den M. pectoralis major, aber auch den M. deltoideus pars clavicularis und den M. triceps brachii. Die Testperson hat also auch hier wieder mit einer Übung mehrere wichtige Muskelgruppen trainiert. Außerdem ist es sehr wichtig die Brustmuskulatur als Antagonisten der Rückenmuskulatur zu trainieren, um das Auftreten einer Dysbalance zu verhindern.

Besonders wichtig ist, dass die Testperson bei jeder Übung über die gesamte Range of Motion [ROM] trainiert. Das bedeutet, dass der Muskel über seine gesamte Kontraktionsstrecke dynamisch belastet wird (Gottlob, 2013, S. 70). Bei einem vollständigen ROM-Training wirkt der Widerstand über die volle aktive Gelenkbeweglichkeit. Darunter versteht man den gesamten Bewegungsbereich, der ohne Schwung allein mittels Muskelkraft der Agonisten und Antagonisten erreichbar ist (Gottlob, 2013, S. 71).

Da im Alltag die komplette Bewegungsmöglichkeit eines Muskel-Gelenk-Systems nicht mehr ausgeschöpft wird, entsteht ein Großteil der muskulären Dysbalancen. Ein ROM-Training verbessert somit auch die Alltagsbelastbarkeit (Verstegen & Williams, 2004, S. 115)

5   Teilaufgabe 5 – Literaturrecherche

Tab. 10: Tabellarische Zusammenfassung Studie (nach Watson et al., 2018)

Autor:	Steven L Watson, Benjamin K Weeks, Lisa J Weis, Amy T Harding, Sean A Horan, Belinda R Beck
Titel der Studie:	High-Intensity Resistance and Impact Training Improves Bone Mineral Density and Physical Function in Postmenopausal Women With Osteopenia and Osteoporosis: The LIFTMOR Randomized Controlled Trial: HEAVY LIFTING IMPROVES BMD IN OSTEOPOROSIS
Publikationsjahr:	2018
Forschungsfrage:	Wie wirksam ist ein kurzes, knochenorientiertes hochintensives Widerstands- und Stoßtraining (HiRIT) zur Verbesserung der FN- und LS-BMD bei postmenopausalen Frauen mit geringer bis sehr geringer Knochenmasse? Verbessert das HiRIT die Knochengeometrie und die körperliche Funktion?
Versuchspersonen:	101 postmenopausale Frauen (älter als 58 Jahre) mit geringer Knochendichte (T-Score < -1,0 an Hüfte und/oder Wirbelsäule).
Versuchsaufbau:	Die teilnahmeberechtigten Personen wurden mit einem Verhältnis von 1:1 randomisiert und erhielten 8 Monate lang zweimal wöchentlich entweder ein 30-minütiges, überwachtes HiRIT-Training (5 Sätze à 5 Wdh, >85% 1-RM) oder ein unbeaufsichtigtes Training mit niedriger Intensität zu Hause (CON). Vor und nach der Intervention wurden Tests durchgeführt, welche Messungen der Knochenmineraldichte (BMD) der Lendenwirbelsäule und der proximalen Oberschenkelknochen sowie Messungen der funktionellen Leistungsfähigkeit (zeitgesteuertes Aufstehen und Gehen, funktionelle Reichweite, 5-maliges Sit-to-Stand, Rücken- und Beinkraft).
Ergebnisse:	Die Effekte von HiRIT waren denen von CON für die BMD der Lendenwirbelsäule, die BMD des Oberschenkelhalses, FN-Kortikaldicke, Körpergröße und allen funktionellen Leistungsmaße überlegen. Die Drop-out Quote war in beiden Gruppen gering und es wurde nur über ein unerwünschtes Ereignis berichtet.
Schlussfolgerung	Das HiRIT-Programm verbessert die Indizes der Knochenstärke und der funktionellen Leistungsfähigkeit bei postmenopausalen Frauen mit geringer Knochenmasse. Entgegen den bisherigen Annahmen war HiRIT wirksam und verursachte keine unerwünschten Ereignisse.

Tab. 11: Tabellarische Zusammenfassung Studie (nach Pasqualini et al., 2019)

Autor:	L. Pasqualini, S. Ministrini, R. Lombardini, F. Bagaglia, R. Pal-triccia, R. Pippi, L. Collebrusco, E. Reginato, E. Sbroma Tomaro, E. Marini, M. D'Abbondanza, A.M. Scarponi, P.De Feo, M. Pirro
Titel der Studie	Effects of a 3-month weight-bearing and resistance exercise training on circulating osteogenic cells and bone formation markers in postmenopausal women with low bone mass
Publikationsjahr:	2019
Forschungsfrage:	Kann ein belastungs- und widerstandsgestütztes Training zirkulierende osteogene Zellen (OCs), Marker der Knochenbildung und die Lebensqualität (QoL) bei osteopenischen postmenopausalen Frauen positiv beeinflussen?
Versuchspersonen:	33 postmenopausale Frauen mit einem T-Score an LWS oder Oberschenkelhals zwischen -1 und -2,5 SD
Versuchsaufbau:	Es wurden anthropometrische sowie Fitnessparameter, Knochenumbau-Marker, zirkulierende osteogene Zellen (OCs) und die Lebensqualität (QoL) zu Beginn, nach einer 1-monatigen Einlaufphase und nach 3 Monaten Belastungs- und Widerstandstraining bewertet.
Ergebnisse:	Nach 3 Monaten Training waren das Pro-Kollagen Typ 1 N-terminales Peptid (P1NP) und die Anzahl der OCs signifikant erhöht. Das Typ 1 Kollagen vernetzte C-Telopeptid (sCTX) war nicht signifikant erhöht. Die Körpergröße, das 1-RM am Latzug und der Beinpresse sowie das VO2max waren signifikant gestiegen. Der Anstieg der unreifen zirkulierenden OCs war mit der Verbesserung des 1-RM korreliert. Die Lebensqualität war in Bezug auf Schmerzen, körperliche sowie mentale Funktionen und die generelle Lebensqualität deutlich verbessert. Die Zunahme der QoL im Gesamtscore und im Schmerzscore korrelierte signifikant mit der Zunahme der Körpergröße.
Schlussfolgerung	Das getestete Übungsprogramm ist in der Lage die Marker der Knochenbildung und die Bindung unreifer OCs zu erhöhen, ohne dass dabei die Marker der Knochenresorption signifikant ansteigen. Die Kombination aus belastungs- und widerstandsgestütztem Training ist ein effektives Mittel, um die Lebensqualität von postmenopausalen Frauen mit geringer Knochenmasse zu steigern.

6   Literaturverzeichnis

Banzer, W. (Hrsg.). (2017). *Körperliche Aktivität und Gesundheit: Präventive und thera peutische Ansätze der Bewegungs- und Sportmedizin*. Berlin, Heidelberg: Springer Berlin Heidelberg. https://doi.org/10.1007/978-3-662-50335-5

Ferrauti, A. (Hrsg.). (2020). *Trainingswissenschaft für die Sportpraxis: Lehrbuch für Stu dium, Ausbildung und Unterricht im Sport*. Berlin, Heidelberg: Springer Berlin Heidelberg. https://doi.org/10.1007/978-3-662-58227-5

Gottlob, A. (2013). Differenziertes Krafttraining : mit Schwerpunkt Wirbelsäule. Deutschland: Urban & Fischer in Elsevier.

Haber, P. (2018). *Leitfaden zur medizinischen Trainingsberatung*. Berlin, Heidelberg: Springer Berlin Heidelberg. https://doi.org/10.1007/978-3-662-54321-4

Mathias, D. (2018). Krafttraining. *Fit und gesund von 1 bis Hundert* (S. 101–101). Berlin, Heidelberg: Springer Berlin Heidelberg. https://doi.org/10.1007/978-3-662-56307-6_84

Pasqualini, L., Ministrini, S., Lombardini, R., Bagaglia, F., Paltriccia, R., Pippi, R. et al. (2019). Effects of a 3-month weight-bearing and resistance exercise training on circulating osteogenic cells and bone formation markers in postmenopausal women with low bone mass. *Osteoporosis International*, *30*(4), 797–806. https://doi.org/10.1007/s00198-019-04908-9

Verstegen, M. & Williams, P. (2004). *Core performance: the revolutionary workout pro gram to transform your body and your life*. Emmaus, Pa.] : [s.l.: Rodale ; Distributed to the book trade by St. Martin's Press.

Watson, S. L., Weeks, B. K., Weis, L. J., Harding, A. T., Horan, S. A. & Beck, B. R. (2018). High-Intensity Resistance and Impact Training Improves Bone Mineral Density and Physical Function in Postmenopausal Women With Osteopenia and Osteoporosis: The LIFTMOR Randomized Controlled Trial: HEAVY LIFTING IMPROVES BMD IN OSTEOPOROSIS. *Journal of Bone and Mineral Research*, *33*(2), 211–220. https://doi.org/10.1002/jbmr.3284

7 Tabellenverzeichnis